FABIANA MASCARELLO PERUZZOLO

SLOW
MATERNITY

 crivo

Slow Maternity © Fabiana Mascarello Peruzzolo, 05/2024
Edição © Crivo Editorial, 05/2024

IMAGEM CAPA: ©MockupX / Freepik
EDIÇÃO E REVISÃO: Amanda Bruno de Mello
CAPA, PROJETO GRÁFICO E DIAGRAMAÇÃO: Larissa Carvalho Mazzoni
COORDENAÇÃO EDITORIAL: Lucas Maroca de Castro

Dados Internacionais de Catalogação na Publicação (CIP) de acordo com ISBD

P471s   Peruzzolo, Fabiana Mascarello.
      Slow Maternity [manuscrito]/ Fabiana Mascarello Peruzzolo. – Belo Horizonte :
Crivo, 2024.
      104p.: 15 cm x 15 cm.

      ISBN: 978-65-89032-77-9

      1. Literatura brasileira. 2. Maternidade na literatura. 3. Mães e filhos. I. Título.

                                                      CDD   B869
                                              CDU   869.0(81)-1

Elaborado por Alessandra Oliveira Pereira CRB-6/2616
Índice para catálogo sistemático:
1. CDD B869 Literatura brasileira
2. CDU 869.0(81) Literatura brasileira

Crivo Editorial
Rua Fernandes Tourinho, 602, sala 502
30.112-000 - Funcionários - Belo Horizonte - MG

🌐 www.crivoeditorial.com.br
✉ contato@crivoeditorial.com.br
f facebook.com/crivoeditorial
📷 instagram.com/crivoeditorial
🌐 crivo-editorial.lojaintegrada.com.br

Dedico este livro aos meus filhos Luiza, Francisco e Bento, que me tornaram mãe. Vocês são a razão da minha vida!

E ao meu marido, pai extraordinário para nossos filhos, meu maior incentivador, melhor amigo, amor da minha vida!

Quero gastar toda a minha vida amando e servindo vocês!

O cheiro de um filho quando nasce
deveria ser embalado a vácuo.

A maternidade é o
maior laboratório da vida.

Quando um filho nasce,
não se sabe tudo sobre ele.
Aos poucos vamos nos conhecendo,
criando intimidade.
Devagarinho a gente vai entendendo
perfeitamente como nosso filho é,
a maneira como gosta de dormir,
o antitérmico que funciona melhor,
tudo requer tempo e observação.

Entre voltar para a academia
ou ficar mais tempo com o bebê,
fiquei mais tempo com o meu bebê.

Eles vieram do céu
por causa do amor!

De todas as fases,
aquela com eles recém-nascidos,
na qual o cheiro deles
é tão presente,
o corpinho tão frágil,
é a fase com a qual tenho um
profundo encantamento.

Ficar com os filhos.
Em um mundo com
tantos convites,
é fácil se perder
e não ficar para aquilo
que é essencial.

Quando incorporamos
a maternidade,
o olhar contemplativo
de beleza muda,
pois em tudo o olhar passa
a ser aquele de uma mãe.

Descanse em Deus,
não desista e logo ali
as noites em claro serão esquecidas.

Aprender a ser coadjuvante
na vida é importantíssimo,
quem é mãe e ainda não
aprendeu a ser coadjuvante
precisa pensar sobre isso.

Embalando meus filhos,
eu me curei.

Criar filhos requer
viver o processo.

Da casinha do porquinho-da-índia
ao abastecimento de comida da casa,
tudo passa pelo olhar atento de uma mãe.

Os aplausos que realmente importam
são da porta de casa para dentro,
sempre da porta de casa para dentro.

Se, para ser uma profissional
com todos os cursos da sua área em dia,
você precisar estar ausente na criação
dos seus filhos, não valerá a pena.

Cozinhe para seus filhos,
qualquer coisa, mas faça.

A família é a religião na prática.

Deitados na cama,
cada um com o seu livro,
meu menino leu as primeiras
páginas da obra *A patrulha canina*.
Na verdade, como ele mesmo enfatiza,
foram três páginas inteiras.
Nunca mais vou esquecer esse momento.

Mãe e filho de pijama,
saboreando a emoção da
conquista de saber ler!
Está aí a tão almejada felicidade,
tão genuína e cotidiana.

Ainda sobre nossos momentos cotidianos
de levar para a escola, no carro observo
aqueles olhares puros que somente
as crianças conseguem expressar.
Curiosos, vendo o mundo de possibilidades
à sua volta, vagando com seus pensamentos
Deus sabe por onde, entre bosques coloridos
e brincadeiras divertidas, eu fico a observar e
a sentir o coração apertar de tanto amor por
essas criaturas... Como pode ser tão visceral o
amor de uma mãe por seus filhos?! Dirigindo
consigo sentir o cheiro que cada um tem.

Ver sua filha chorando lágrimas que brotam no íntimo do coração porque lembrou que as onças pintadas estão em extinção é algo que se vive para ver.

Alguns filhos vêm nos ensinar
sobre o valor da simplicidade.
Como quando um de seus momentos
favoritos é estar pertinho do fogão a lenha,
apreciando uma cabotiá açucarada
com chimarrão e um dedo de prosa.

Quem não tem paciência para conhecer
o coração de seus filhos já perdeu muito.

Depois de seis anos cuidando dos filhos
em tempo integral, meu guarda-roupa
se resume a pijama e roupa de ginástica.

É na maternidade que se trabalha
sem aplausos ou plateia,
é nela que tudo acontece por amor.

Nem o corpo nem a alma serão
os mesmos depois de ser mãe.

Nunca, em hipótese alguma,
nunquinha mesmo,
vamos enjoar de olhar um filho.

Gosto que eles se sintam amados
também nos detalhes.

Com o carro parado na sinaleira,
aproveito para passar a mão na testa
quentinha do meu menino,
ele sorri por receber aquele
carinho inesperado.

O estudo religioso é admirável,
desde que você tenha tempo para
comer pipoca com seus filhos.

O maior projeto de vida
são os filhos!

Filhos são os melhores,
mais barulhentos e divertidos parceiros
de viagens do mundo todinho!

O que os filhos precisam
não se pode comprar,
tenha isso claro em mente.

Filho não é receita de bolo,
permita-se sentir.

Não aceite tudo o que lhe
falarem para fazer.
Mesmo que seja o pediatra,
siga a sua intuição.

Cada filho trará uma versão
diferente de você.

A maternidade é uma conexão
entre o céu e a terra.

A beleza de uma mãe zelosa
supera qualquer filtro.

Vem mais perto de mim,
quero te ver!

A vida irá cobrar se escolher
terceirizar a maternidade, não se iluda.

Tempo de qualidade com filho
é frase de quem pouco está presente,
vai ter tempo de qualidade e tempo
que será no osso do peito mesmo.

O óbvio também precisa ser dito,
eu te amo, sinto muito,
meu(minha) filho(a).

Uma vez escutei essa frase:
"ser uma mãe que quer filhos virtuosos,
mas não vive o processo da maternidade,
é como querer ser um bom médico e
não querer estudar, não tem como".
É bem verdade.

O processo da maternidade inclui birras, comidas jogadas no chão, levantar várias vezes entre as refeições, roupas manchadas, tudo isso vem junto.

Se você é uma boa mãe, tenha plena consciência disso e não permita que ninguém lhe aponte qual direção tomar no que diz respeito aos seus filhos.

Filhos são o trabalho mais importante,
tenha isso tatuado no braço se preciso for.

Ninguém conhece o filho melhor que a própria mãe, confie no processo.

Conheça cada pintinha do seu filho,
a força de uma mãe se faz nos detalhes!

Mãe não é apenas um nome,
mãe é um estado de espírito.

Todos nós nascemos para servir,
a maternidade lhe ensina isso de
uma maneira sagrada.

Nada te prepara para a maternidade.
Mas a maternidade te prepara para tudo.

É como você ter vivido o máximo de
uma experiência terrena de amor e
sofrimento, então isso lhe dá grande
poder sobre todo o resto.

Um filho precisa de uma mãe feliz, permita-se ser engraçada e divertida com seus filhos, isso será mais um vínculo forte entre vocês.

Somente conhecemos um filho
intimamente quando ficamos
antenadas àquilo que nunca foi dito.

Novamente: confie na sua intuição como mãe, a força disso é extraordinária e real!

A maternidade é o início da maior aventura da sua vida.

Ser mãe é uma escolha diária
que vem do coração e da alma,
é algo que transcende o físico.

Filhos são mola propulsora da vida,
te fazem crescer lá nas entranhas.

Novamente a frase que parece ser simpática – "tempo de qualidade com os filhos" – cai por terra quando eles crescem e você deixou todo o outro tempo que não era de qualidade para outra pessoa cuidar deles.

Crie seus filhos com suas convicções e verdades. Não permita que ninguém escolha isso para você.

Toda vez que sobrevivemos ao caos,
algo dentro de nós se fortifica grandemente.

Ser mãe é muito mais forte e
maravilhoso do que lhe contavam
antes de você ser mãe,
e também mais surpreendente.

Uma viagem em família é uma
oportunidade de gerar grandes conexões,
daquelas que só acontecem com
dificuldades superadas e momentos
de diversão, tudo junto ao mesmo tempo.

Filhos são sempre nossa
melhor escolha.

Uma mãe que viaja com sacolas
duplas para casos de vômito,
roupas extras para emergência,
minifarmácia e guloseimas variadas
para que a viagem passe mais
rápido está pronta para muita
coisa nessa vida.

Permita-se conhecer seus
filhos sob o viés deles próprios.

No meio da correria do dia a dia,
levando meus filhos para a escola,
com as janelas abertas e todos
cantando uma das nossas músicas
favoritas, sinto a felicidade tão presente.
Pelo retrovisor visualizo meu universo
em um par de olhos pretos cor de
jabuticaba e em outro par cor de
caramelo. Meu menino e minha menina.

Filhos são a maior conexão
que terá com o divino.

No meio da pandemia,
uma vida toda de esperança,
amor e resiliência: nosso filho chegou.

Cada filho é uma experiência,
uma descoberta, uma maternidade
com novas possibilidades.
Nenhuma experiência no mundo
é tão rica como essa.

Troco todas as viagens,
uma vida de glamour e bolsas
de grife por pijamas manchados
de leite e pomada de amamentação.

Fiz da vida deles a minha vida
e isso me salvou de mim mesma.

A maternidade é o mais alto
nível de depuração do espírito
pela complexidade das experiências
e pelo amor sem fim.

Mãe é a palavra mais linda
que irá ouvir a vida toda!

Não existe vocabulário que
nomine uma mãe que perde um filho.

Em todos os lugares você
é substituível, menos no lugar de mãe.

A arte da escuta nunca foi
tão importante como na maternidade.

O que machuca é sempre a
falta de amor e presença.

Não será a pediatra ou coach ou
uma influenciadora de milhões que
irá decidir quando os filhos sairão
do nosso quarto para dormirem no deles.

A ausência de uma mãe na
infância de seus filhos deixa marcas.

A beleza de uma mulher
amamentando seu filho é o que
podemos chamar de beleza irretocável.

Continuem romantizando
a maternidade, ela é tudo
e mais um pouco.

Tenha interesse em conhecer
os amigos de seus filhos, faça
uma tarde divertida, seja proativa
na cozinha, invente qualquer coisa
que seja feita com suas próprias mãos.

Seja caprichosa e atenta
na maternidade!

Se estiver em casa, faça o
café da manhã para seus filhos.

Faça o máximo que você puder para seus filhos em termos de presença, isso lhe renderá frutos extraordinários.

Caso continue com a mesma vida de antes da maternidade, pare agora!

Filhos são responsabilidade
de pai e mãe e não de vó e vô.

A terceirização da maternidade
pode vir embalada de outros
nomes mais fofos.

Gaste sua vida servindo sua família,
o mundo está cheio de convites bobos.

Casem e tenham filhos,
se entreguem a essa
experiência divina.

É justo que muito custe aquilo
que muito vale. Filhos são os
talentos que devemos fazer multiplicar.

Ter um tempo sozinha com
cada filho lhe renderá conversas
maravilhosas e profundas.

Poder é reconhecer a
necessidade de um filho
através do som de seu choro.

Faça da sua casa um lar,
isso não tem absolutamente
nada a ver com dinheiro.

Revise de tempo em tempo
o guarda-roupa de seus filhos,
uma mãe deve estar atenta a
todas as suas necessidades.
Não deixe que outra pessoa
faça isso por você.

A maternidade vai extirpar do
teu coração boa parte do egoísmo,
através dela você servirá
sorrindo e chorando.
Ela vai te transformar em outra pessoa,
em alguém melhor, um melhor que
provavelmente não conseguiria se
fosse somente por você.
Um melhor de alguém que precisa
superar suas misérias muito
comprometidamente por um amor
maior que você mesma!

O amor de seus filhos será a
força para todos os dias.
Ele superará a lei do espaço
e do tempo. Viverá em nossos
corações até nosso último
suspiro e depois dele.
Ele é o que podemos
chamar de amor imortal.

E o pezinho dos filhos,
que logo ali cabia na palma
da mão, agora do tamanho 37.
Mas é certo que o pé de um
filho sempre será aquele
pezinho de criança em
nossa memória.

Maternidade é mais que ter filhos, é uma filosofia de vida que requer tempo e paixão.

Filho é amor que cura,
salva e ressignifica a vida.

Este livro foi composto com tipografia Work Sans